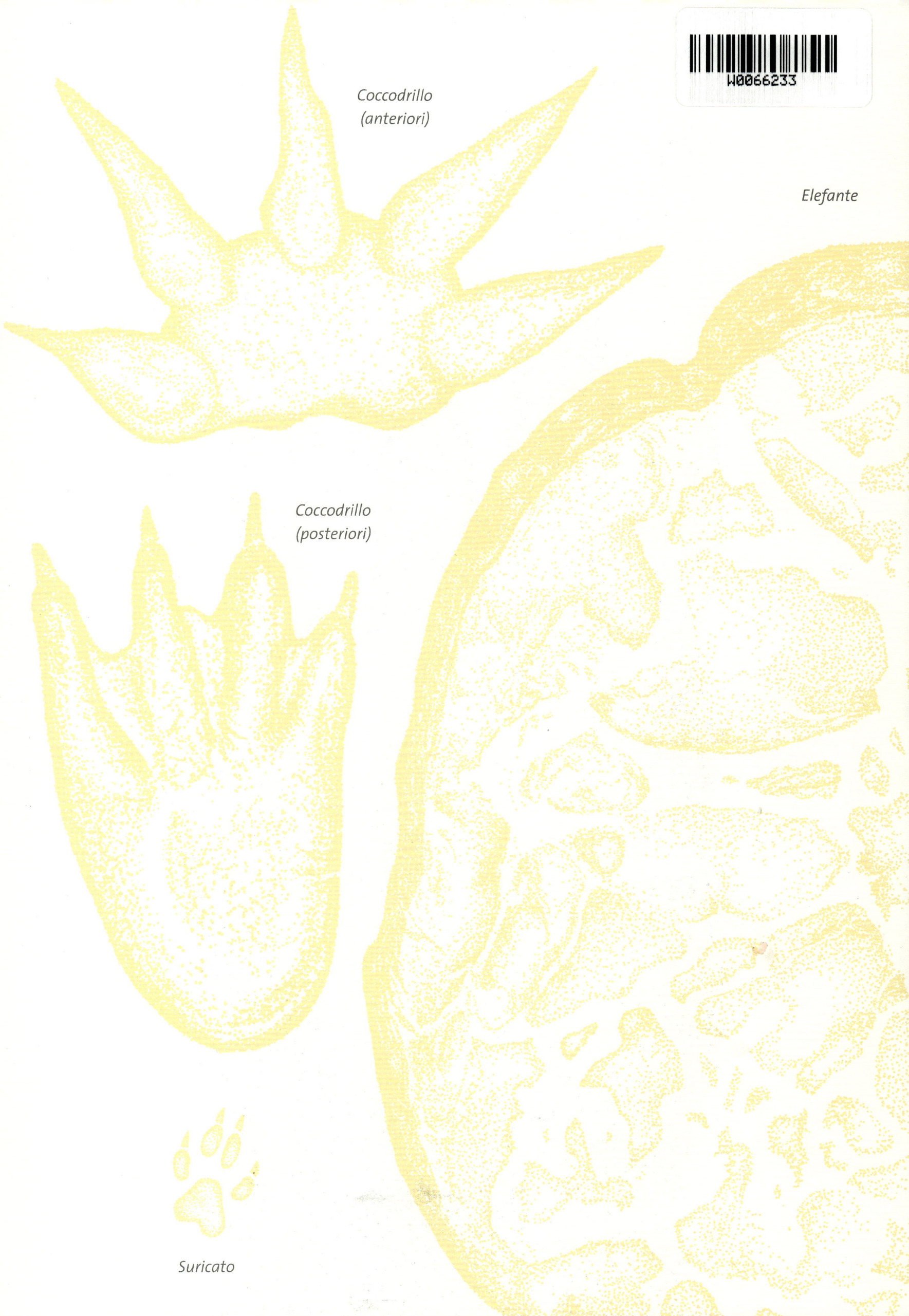

Coccodrillo
(anteriori)

Elefante

Coccodrillo
(posteriori)

Suricato

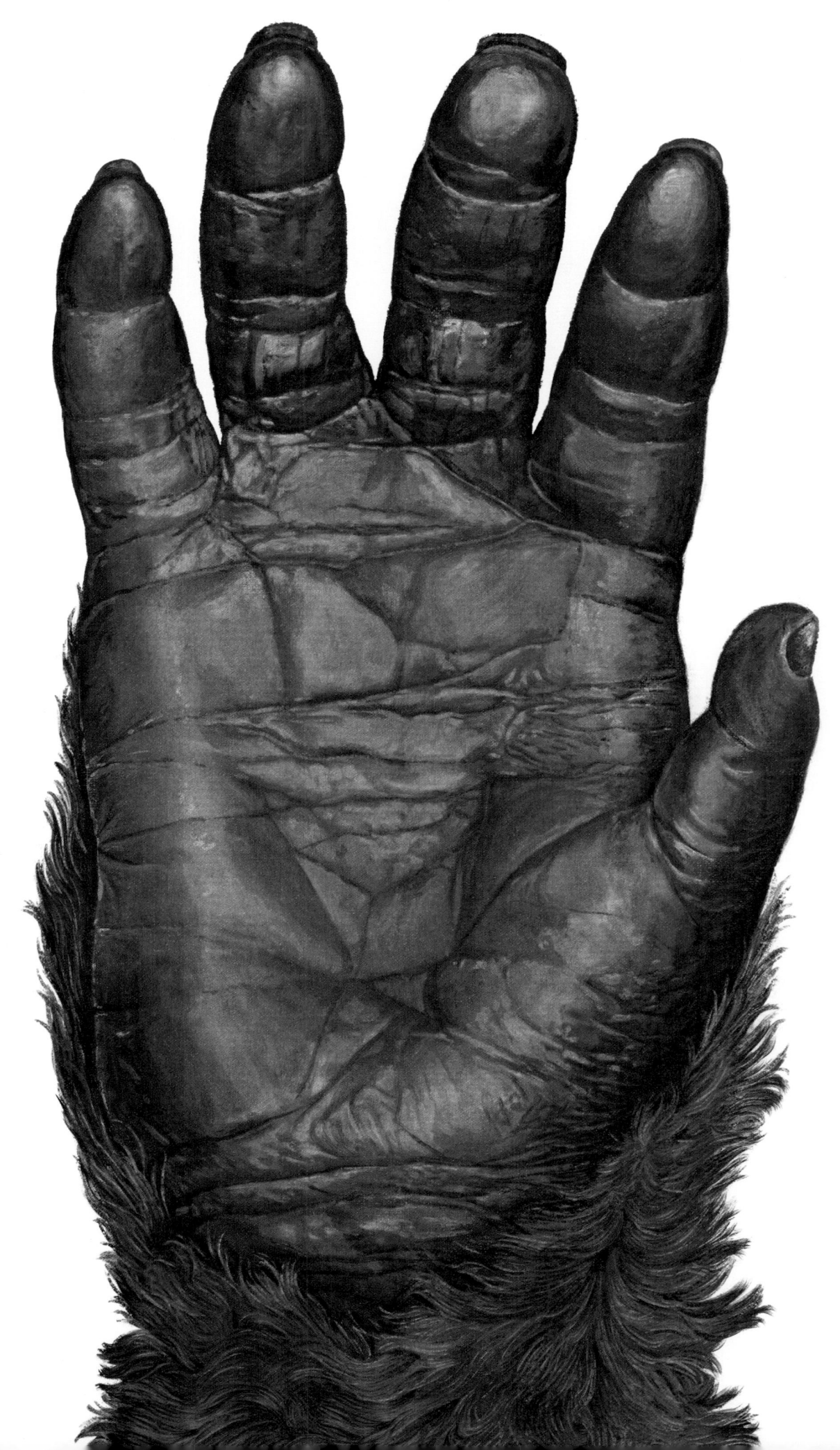

ANIMALI
DELLA SAVANA

GLI ANIMALI SELVAGGI A GRANDEZZA NATURALE

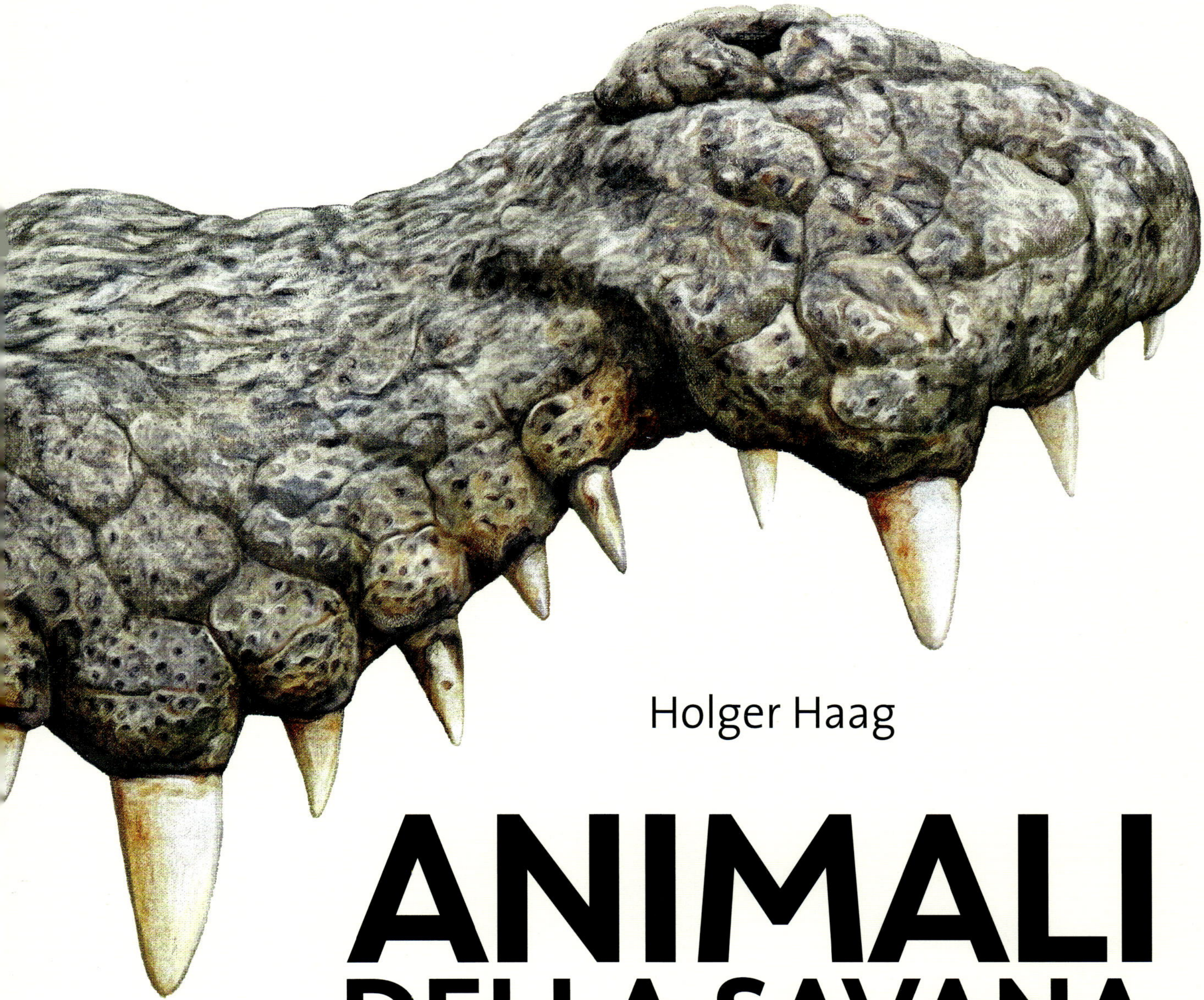

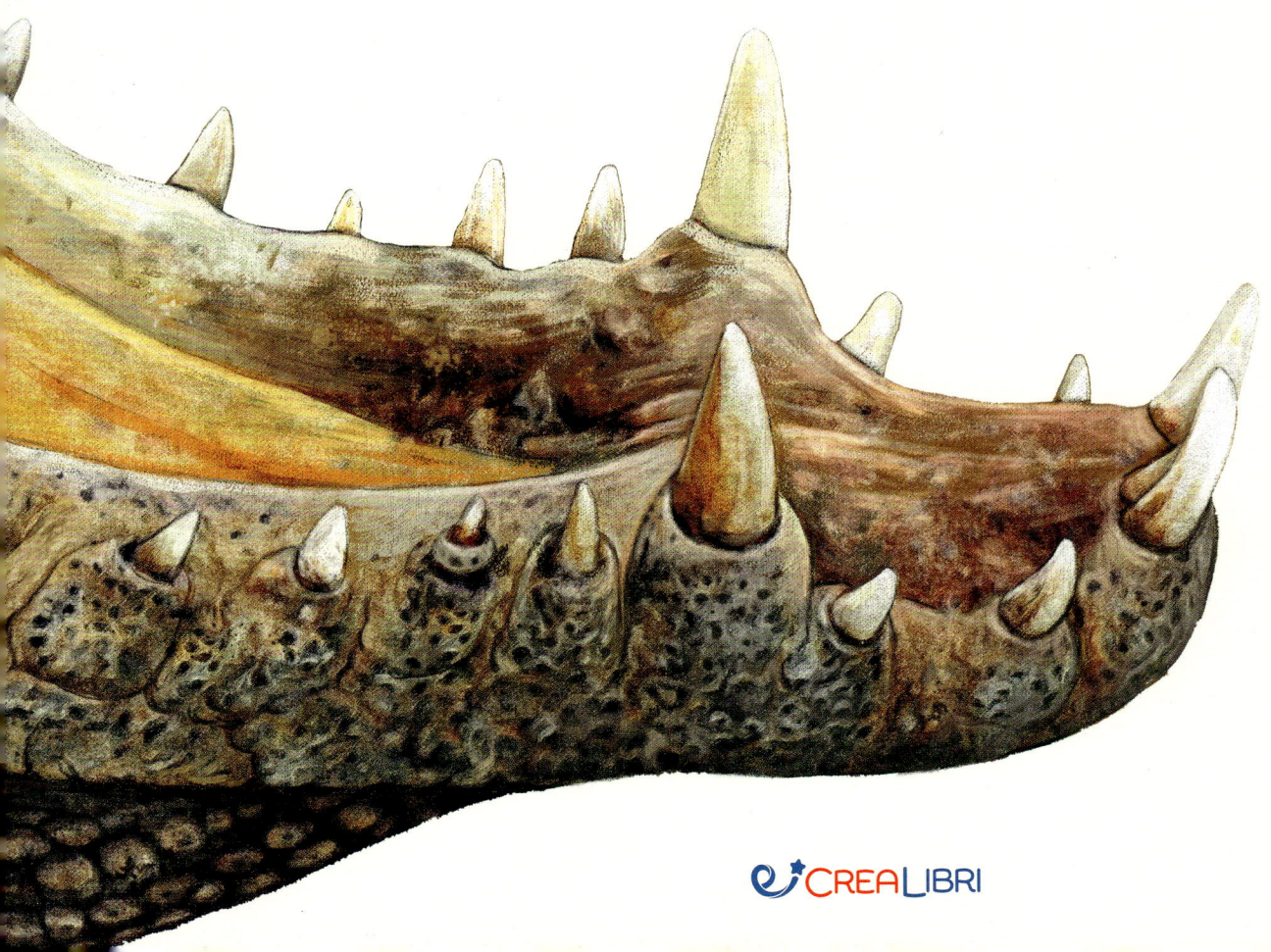

Holger Haag

ANIMALI
DELLA SAVANA
GLI ANIMALI SELVAGGI A GRANDEZZA NATURALE

Illustrazioni di Lars Baus

CREALIBRI

PREFAZIONE

Incontrare un coccodrillo? Trovarsi improvvisamente faccia a faccia con un gorilla? Fissare un leone dritto negli occhi? In natura, sarebbe pressoché impossibile... e, nella maggior parte dei casi, anche troppo pericoloso. Eppure, in questo libro gli animali selvatici dell'Africa sono vicinissimi a noi. E sono rappresentati nelle loro dimensioni reali. A grandezza naturale!

Ovviamente, non tutti gli animali possono essere contenuti dalla pagina di un libro. In questi casi, ne è stato disegnato a grandezza naturale solo il muso. Potrai vedere l'animale a figura intera in versione ridotta nella pagina successiva. Qui sarà rappresentata a grandezza naturale anche una parte del corpo specifica, come la zampa di un ghepardo, il corno di un rinoceronte o lo zoccolo di una zebra.

Così come non tutte le persone di una famiglia si assomigliano, anche gli animali di una stessa specie hanno le loro differenze: ce ne sono di piccoli e di grandi, di magri e di grassi. Anche il colore del mantello non è mai lo stesso: un leone può avere la pelliccia chiara, un altro la criniera più scura. In questo libro le illustrazioni riportano l'aspetto più frequente degli esemplari di ciascuna specie.

INDICE

LA GIRAFFA

Giraffa

LA GIRAFFA
Giraffa

PROFILO

La giraffa in numeri
Altezza: maschi fino a 600 cm, femmine fino a 450 cm
Lunghezza (coda esclusa): da 350 a 450 cm
Peso: da 800 a 1600 kg
Velocità: 55 km/h
Longevità: fino a 28 anni (35 in cattività)

Aspetto
Il mammifero più alto del mondo è reso inconfondibile dalle sue lunghe zampe e dal lunghissimo collo. Anche il motivo sul mantello della giraffa, macchie marroni su uno sfondo color sabbia, è unico. Questo pattern reticolato può essere utilizzato per distinguere sia i singoli esemplari gli uni dagli altri, sia per riconoscere le diverse specie di giraffa.

Habitat
La giraffa vive nelle zone ricche di alberi della savana africana a sud del Sahara, soprattutto nell'Africa centrale e meridionale. Un tempo era presente anche nelle zone più a nord, dove però è estinta da più di mille anni.

Comportamento
Le femmine vivono in piccoli gruppi di non oltre 30 individui. I maschi, più forti, vagano in solitaria per la savana. Quelli più giovani e piccoli formano i cosiddetti "gruppi di scapoli".

Alimentazione
Essendo erbivora, la giraffa si nutre strappando le foglie dagli alberi, di solito all'altezza della testa. I suoi preferiti sono le acacie. Bruca l'erba di rado perché chinarsi le costa molta fatica.

Prole
La giraffa partorisce ogni tre o quattro anni e lo fa in piedi: il piccolo cade al suolo da un'altezza di due metri. Nonostante abbia zampe molto lunghe, già dopo poche ore è in grado di camminare da solo. Rimane con la madre per circa un anno e mezzo.

CORNA

La giraffa presenta due corna sulla testa. Il maschio le usa quando si scontra con un altro maschio per conquistare una femmina. Durante il combattimento, scaglia il lungo collo contro l'avversario conficcandogli le corna nel fianco. Questo fa sì che la peluria sulle corna si consumi. Nella femmina, invece, il ciuffo di peli rimane sempre intatto.

Lingua della giraffa

LINGUA

La lingua della giraffa misura 50 centimetri, è molto resistente e prensile. Può così arrotolarsi abilmente sui rami spinosi dell'acacia e strappare fino a 30 chili di foglie in un giorno. La lingua è pigmentata di un colore scuro che la protegge dalle scottature solari.

COLLO

Nonostante un collo che può raggiungere i due metri di lunghezza, la giraffa, come tutti i mammiferi, ha solo sette vertebre cervicali. Queste ossa, tuttavia, sono molto più lunghe. Per evitare che collassi, il lungo collo viene tenuto in posizione da muscoli potenti e da uno spesso tendine che si estende dalla testa alla coda.

ARTI

Bere è un'impresa faticosa per la giraffa, perché per questo animale chinarsi è molto difficile, non solo a causa del lungo collo, ma anche perché le zampe anteriori sono più lunghe di quelle posteriori. Per riuscire a bere, la giraffa deve allargare le zampe anteriori. Per fortuna, se trova foglie fresche a sufficienza, può resistere per diversi giorni senza aver bisogno di bere altra acqua.

APPROFONDIMENTO

Per pompare il sangue dalle zampe fino alla testa, il cuore della giraffa deve lavorare parecchio. Di conseguenza, la pressione sanguigna di questo animale è molto più alta di quella di altri mammiferi di grandi dimensioni e con un peso simile. Per resistere, i vasi sanguigni sono particolarmente spessi e solidi.

IL SURICATO
Suricata suricatta

PROFILO

Il Suricato in numeri

Lunghezza (coda esclusa): da 25 a 29 cm
Peso: fino a 950 g
Velocità: 32 km/h
Longevità: 15 anni (20 in cattività)

Aspetto

La caratteristica che più colpisce di questo animale è la testa tondeggiante con le grandi orbite scure. Il muso è lungo e appuntito, dal naso nero. La pelliccia è di colore marrone giallastro, a volte presenta striature chiare sul dorso. Il suricato ama usare la lunga coda come sostegno quando sta in piedi.

Habitat

Il suricato predilige vivere nella savana e nei semideserti dell'Africa meridionale. Si ripara in tane che scava da solo oppure in quelle lasciate dagli scoiattoli di terra, delle quali si impadronisce per poi ampliarle.

Comportamento

Il suricato è un animale molto sociale che vive in un gruppo familiare composto da un massimo di 30 individui. Una coppia assume il ruolo di guida. Gli altri suricati si dividono i vari compiti: alcuni pensano a procurare il cibo, altri fanno la guardia e altri ancora si occupano della costruzione della tana. Gli animali rimangono sempre in contatto tra loro scambiandosi versi.

Alimentazione

Il suricato si nutre principalmente di insetti. Tuttavia, essendo un abile cacciatore, cattura anche rane, topi e perfino serpenti. Anche i semi e la frutta fanno parte della sua dieta.

Prole

Di solito, è solamente la femmina della coppia a capo del gruppo a partorire, dando alla luce da tre a sette piccoli due o tre volte l'anno. Le altre femmine la aiutano a crescerli, li nutrono e addirittura li coccolano.

ALLARME

Per poter avvisare in tempo il gruppo della presenza di predatori o nemici, alcuni suricati stanno sempre di guardia su una collina. In caso di pericolo, queste vedette emettono richiami diversi a seconda che si tratti di un nemico che arriva dall'alto, come un rapace, o da terra, per esempio uno sciacallo.

PROTEZIONE SOLARE

Il suricato trascorre molte ore al giorno in pieno sole. Fortunatamente, il pelo scuro intorno agli occhi non riflette i raggi solari, e in questo modo l'animale non rischia di restare accecato.

APPROFONDIMENTO

Il morso di un cobra e la puntura uno scorpione possono essere fatali per l'essere umano, ma non per il suricato. Questo perché, a differenza dell'uomo, è immune, cioè insensibile, al veleno di questi animali. In più, è talmente agile che raramente finisce nelle loro grinfie.

IL COCCODRILLO

Crocodylus niloticus

IL COCCODRILLO
Crocodylus niloticus

PROFILO

Il coccodrillo del Nilo in numeri
Lunghezza (coda compresa): fino a 600 cm
Peso: fino a 1000 kg
Velocità: da 12 a 14 km/h sulla terra,
da 30 a 35 km/h in acqua
Longevità: 50 anni (80 in cattività)

Aspetto
Il coccodrillo del Nilo è il secondo coccodrillo al mondo per dimensioni. Ha un corpo piatto con arti corti e tozzi disposti sui lati. La parte più grande della testa è costituita dal muso. La lunga coda gli serve per nuotare. Ha il corpo ricoperto di placche ossee.

Habitat
Come tutti i coccodrilli, anche il coccodrillo del Nilo ha bisogno dell'acqua per sopravvivere, perciò vive in fiumi e laghi. La zona in cui è più diffuso è l'area a sud del Sahara. Questo rettile è presente lungo il Nilo: arriva fino al sud dell'Egitto.

Comportamento
Il coccodrillo del Nilo è un animale sociale. Di giorno, ama prendere il sole sulla riva insieme ai suoi simili. Anche durante i pasti i coccodrilli litigano di rado. Nella stagione degli amori, però, i maschi lottano ferocemente per aggiudicarsi le femmine.

Alimentazione
Essendo un carnivoro puro, il coccodrillo del Nilo si nutre di insetti, anfibi, pesci, uccelli e mammiferi più grandi, come antilopi, gnu e zebre, a seconda dell'età e delle dimensioni. Se necessario, è in grado di sopravvivere per mesi senza cibo.

Prole
Le 40-60 uova vengono seppellite nella sabbia e si schiudono grazie al sole. Dopo tre mesi, quando iniziano a emettere versi, i piccoli sono dissotterrati dalla madre, che continua a prendersi cura di loro per diversi mesi.

SCHIUSA

La nascita di piccoli di coccodrillo femmine o maschi dipende dalla temperatura della sabbia. Se è inferiore ai 31 °C, usciranno dalle uova soprattutto femmine; tra i 31 e i 34 °C è invece più probabile che vengano alla luce dei maschi. La madre procede poi a raccogliere con cura i piccoli con la bocca e a portarli in acqua.

CACCIA

Il coccodrillo del Nilo vede bene anche al buio. Ma quando è in attesa di una preda in acqua, non si affida agli occhi, bensì ai recettori di pressione presenti sul suo muso. Minuscoli punti neri rilevano i più piccoli movimenti dell'acqua. Così, il coccodrillo del Nilo è in grado di mandare a segno ogni attacco anche al buio.

MORSO

Il coccodrillo del Nilo non può né staccare né masticare bocconi di carne solo con i denti. Per separare un pezzo di carne da una preda, il rettile deve azzannare la vittima e poi ruotare sul proprio asse finché la carne non si stacca. Il pezzo viene poi inghiottito intero.

DIGESTIONE

Poiché il coccodrillo del Nilo non è in grado di masticare, ingoia alcune pietre chiamate gastroliti. Lo aiutano a sminuzzare i pezzi di carne arrivati nello stomaco e dunque a digerirli più facilmente. Secondo un'altra teoria, il coccodrillo del Nilo inghiottirebbe queste pietre perché fungano da zavorra per potersi immergere meglio.

CRESCITA

Il grande muso del coccodrillo del Nilo contiene da 64 a 68 denti conici di uguali dimensioni. Solo il quarto dente su ciascun lato della mascella inferiore è più grande degli altri. Se un coccodrillo del Nilo perde un dente durante un combattimento, questo può ricrescere altre 50 volte circa. In questo modo, il coccodrillo del Nilo arriva a usare circa 3000 denti nel corso della vita.

APPROFONDIMENTO

Mentre il morso degli esseri umani ha una forza pari a circa 80 chili, quello del coccodrillo del Nilo ha una potenza molto superiore, pari a circa 1300 chili. I muscoli con cui serra le mascelle sono estremamente forti, mentre quelli che le aprono sono piuttosto deboli. Le fauci del coccodrillo del Nilo possono quindi essere chiuse senza sforzo.

Fauci del coccodrillo del Nilo

L'INSEPARABILE

Agapornis roseicollis

PROFILO

L'inseparabile in numeri

Lunghezza (coda compresa): da 16 a 17 cm
Apertura alare: fino a 24 cm
Peso: da 48 a 63 g
Longevità: da 20 a 25 anni

Aspetto

L'inseparabile facciarosa deve il suo nome alla colorazione rosa salmone della testa, della gola e del petto. In volo, spiccano il codrione blu e le penne scure delle ali. Nel resto del corpo, l'inseparabile è verde brillante. Il becco uncinato è giallastro e l'occhio nero con un contorno chiaro. Questo pappagallino è noto per i suoi richiami forti e stridenti.

Habitat

L'inseparabile vive in zone aride semidesertiche, nella vegetazione della savana e in ambienti rocciosi. È importante che abbia pozze d'acqua nelle vicinanze. Le sue principali aree di diffusione sono l'Angola, il Sudafrica e la Namibia occidentale.

Comportamento

Questi uccelli prendono il loro nome dal fatto che il maschio e la femmina rimangono fedeli l'uno all'altra per tutta la vita, "inseparabili". Vivono in piccoli gruppi che non superano i 20 individui. In prossimità di specchi d'acqua o campi formano anche stormi più grandi.

Alimentazione

L'alimento principale dell'inseparabile sono i semi, come quelli di girasole, il mais, il miglio e vari semi selvatici. Si nutre anche di frutta e piante verdi. Talvolta cattura topi.

Prole

L'inseparabile si riproduce nelle fessure delle rocce, dove costruisce un nido a forma di coppa, oppure si sistema nei nidi abbandonati degli uccelli tessitori. La femmina depone da quattro a sei uova e le cova da sola; il maschio si occupa di procurarle il cibo.

Due dita puntano in avanti, due all'indietro.

INGEGNOSO

La maggior parte degli uccelli trasporta il materiale per il nido con il becco o con le zampe. L'inseparabile, invece, infila ramoscelli e strisce di corteccia nel piumaggio della schiena.

POLIEDRICO

Come tutti i pappagalli, l'inseparabile facciarosa ha il becco a uncino. È in grado di afferrare, tagliare, levigare, sbriciolare, schiacciare e sgusciare oggetti. Quando si arrampica, sfrutta il becco anche come "terza mano".

LITIGIOSO

Gli inseparabili non esitano a scacciare un uccello intruso dal loro territorio, anche se si tratta di un esemplare molto più grande di loro. Con il becco, questi tenaci uccellini gli attaccano le zampe e gli artigli, cercando in tutti i modi di fargli del male.

APPROFONDIMENTO

La maggior parte degli uccelli ha quattro dita, di cui tre sono rivolte in avanti e una all'indietro. Nei pappagalli, invece, due dita puntano in avanti e due indietro. Questa disposizione è particolarmente adatta per arrampicarsi e afferrare gli oggetti.

L'ELEFANTE

Loxodonta africana

L'ELEFANTE
Loxodonta africana

PROFILO

L'elefante africano in numeri
Lunghezza (coda esclusa): da 600 a 750 cm
Altezza: fino a 400 cm
Peso: perlopiù dai 4000 ai 6000 kg
(massimo 10.000 kg)
Velocità: 42 km/h
Longevità: fino a 65 anni

Aspetto
Il corpo quasi perfettamente quadrato del più grande animale terrestre esistente è sostenuto da quattro zampe simili a colonne. L'elefante africano si differenzia dall'elefante asiatico per le orecchie molto più grandi e per le due "dita" presenti sulla punta della proboscide. Inoltre, sia i maschi che le femmine dell'elefante africano sono dotati di zanne.

Habitat
L'elefante africano vive soprattutto nelle savane ricche di alberi. Tuttavia, è anche diffuso nelle foreste e nei deserti e lo si può trovare nelle pianure così come a 4000 metri di altitudine.

Comportamento
Di solito, diverse famiglie di elefanti si uniscono a formare una mandria di circa dieci esemplari, alla cui guida c'è la femmina più anziana ed esperta, la leader. I maschi formano invece gruppi di scapoli oppure vagano da soli alla ricerca di una femmina.

Alimentazione
La dieta dell'elefante africano comprende erba, foglie, ramoscelli, corteccia e frutta. Questo possente animale ingerisce ogni giorno tra i 150 e i 300 chili di cibo. Anche il suo fabbisogno d'acqua è notevole: ne beve infatti circa 100 litri al giorno.

Prole
Ogni quattro o cinque anni, una femmina di elefante partorisce un piccolo. La gravidanza dura quasi due anni (22 mesi), il che la rende la più lunga in tutto il regno animale. Mentre i maschi vanno per la loro strada all'età di nove anni, le femmine restano nella mandria in cui sono nate per tutta la vita.

APPROFONDIMENTO

L'elefante africano comunica con i suoi simili attraverso gli infrasuoni. Si tratta di suoni molto profondi, non udibili dall'essere umano. Vengono trasmessi anche attraverso il terreno e possono raggiungere dieci chilometri di distanza. L'elefante percepisce queste onde sonore grazie ad alcune cellule sensoriali presenti sulle zampe e sulla proboscide.

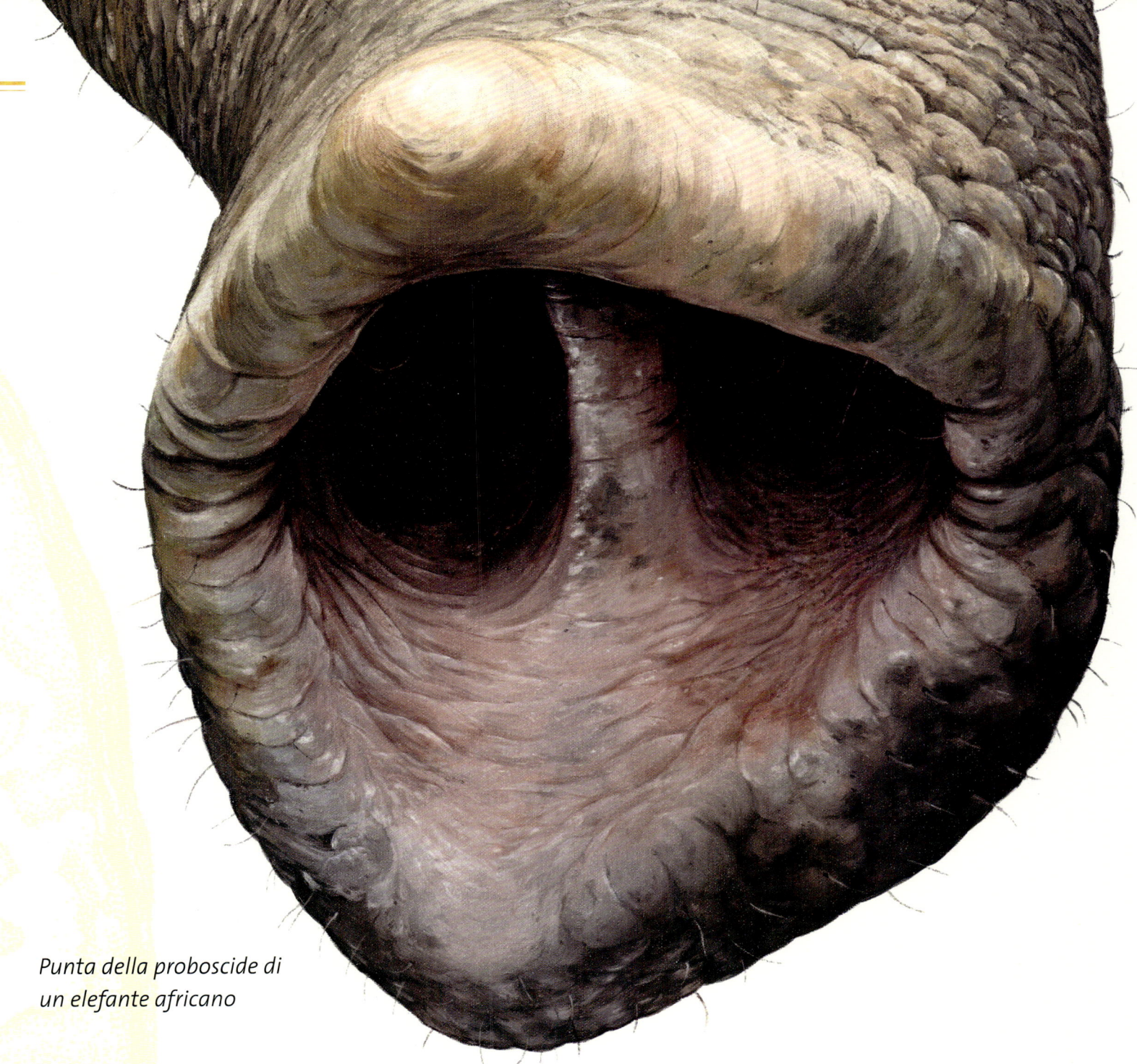

Punta della proboscide di un elefante africano

FORTE

La proboscide dell'elefante africano, lunga fino a 150 centimetri, è il naso più lungo del regno animale. I suoi 40.000 muscoli la rendono estremamente flessibile e potente. Perciò, con la proboscide, l'elefante africano può non solo annusare, ma anche tastare, afferrare, sollevare oggetti che pesano fino a 300 chili, e aspirare circa dieci litri d'acqua. Grazie alle due sporgenze a forma di dito sulla punta della proboscide, riesce a prendere oggetti anche molto piccoli.

FRESCO

L'elefante africano non può sudare. Rilascia il calore in eccesso nell'ambiente attraverso numerose, finissime vene presenti nelle grandi orecchie. Se questo non basta, per esempio perché la temperatura esterna è troppo alta, allora l'elefante si spruzza dell'acqua sul corpo.

FURBO

L'elefante africano ha un grande cervello e un'ottima memoria. Per esempio, è in grado di ritrovare una pozza d'acqua dove non si reca da dieci anni. Inoltre, gli studiosi hanno scoperto che questo pachiderma è in grado di riconoscersi allo specchio, cosa che solo poche specie animali sono capaci di fare.

GRANDE

Le zanne dell'elefante africano raggiungono i tre metri di lunghezza e pesano quasi 100 chili ciascuna. L'elefante le usa per spostare gli alberi, staccare la corteccia dai rami o scavare alla ricerca di radici e acqua. Le zanne hanno una funzione anche durante i combattimenti. Poiché l'avorio di cui sono fatte è molto ricercato, gli elefanti sono stati cacciati senza sosta per molto tempo, fino a essere quasi sterminati.

IL BECCO A SCARPA

Balaeniceps rex

PROFILO

Il becco a scarpa in numeri

Altezza: fino a 150 cm
Apertura alare: da 230 a 260 cm
Peso: da 4 a 7 kg
Longevità: 35 anni

Aspetto

Visto da dietro, il becco a scarpa assomiglia
a un airone piuttosto grosso, dalle zampe
lunghe e dal piumaggio blu grigio. Ma, non
appena gira la testa, lo si riconosce dal becco
panciuto che ricorda a tutti gli effetti una scarpa.

Habitat

Il becco a scarpa predilige le paludi e le rive dei
laghi dell'Africa orientale tropicale. Si muove
nell'acqua tra fitti canneti e piante di
papiro. Poiché si alza in volo di rado, non
esce quasi mai allo scoperto.

Comportamento

Eccetto nel periodo di accoppiamento, il becco a
scarpa si sposta prevalentemente solo. Trascorre le
giornate nascosto nei canneti; va a caccia quando
scende il buio.

Alimentazione

Le prede principali del becco a scarpa sono i pesci
di grandi dimensioni. La punta del becco uncinata
lo aiuta ad acciuffare gli animali più viscidi. La sua
dieta comprende inoltre anche serpenti acquatici,
rane e rettili.

Prole

Il becco a scarpa costruisce un nido alto un metro
usando gli steli delle canne. La femmina depone fino
a tre uova, che si schiudono dopo un periodo di 30
giorni. Di solito, sopravvive solo il pulcino nato prima,
il più forte, perché reclama il cibo solo per sé.

APPROFONDIMENTO

*Più le ali di un uccello sono piccole, più battiti
gli saranno necessari per volare. Il becco
a scarpa è dotato di ali veramente
grandi, perciò deve batterle solo 150
volte al minuto. Al piccione servono
540 battiti, al passero 780 e al
colibrì addirittura 3000 battiti al
minuto.*

PAZIENTE

Il becco a scarpa è in grado
di rimanere per ore immobile in
un canneto, in attesa di una preda. Ma,
quando finalmente un pesce gli passa
vicino, in un lampo lo acciuffa con il
becco.

CORAGGIOSO

Grazie alle sue dimensioni e al suo potente becco,
questo uccello non si lascia turbare facilmente.
Già solo le ali spalancate bastano a spaventare
molti suoi nemici. Ma il becco a scarpa può anche
sferrare attacchi veri e propri, per esempio contro i
coccodrilli del Nilo che osano avvicinarsi troppo al
suo nido.

ASTUTO

Per evitare che le zampe scure si scaldino troppo
al sole, il becco a scarpa è solito ricoprirle con i
propri escrementi bianchi. Questo fa sì che la luce
del sole venga riflessa. Se anche le uova rischiano
di diventare troppo calde, l'uccello si riempie il
becco a forma di barca d'acqua per poi versarla
direttamente nel nido, per raffreddare la covata.

IL GHEPARDO

Acinonyx jubatus

IL GHEPARDO

Acinonyx jubatus

PROFILO

Il ghepardo in numeri

Lunghezza (coda esclusa): da 120 a 150 cm
Peso: da 30 a 65 kg
Velocità: fino a 110 km/h
Longevità: fino a 15 anni (20 in cattività)

Aspetto

Il ghepardo ha un corpo snello, zampe lunghe, una testa piccola e tondeggiante e una lunga coda. A eccezione della parte inferiore, chiara e omogenea, il mantello è giallo-arancio con molte macchie nere di due o quattro centimetri. Sul muso, una linea nera corre da ciascun occhio a ciascun angolo della bocca.

Habitat

In passato, il ghepardo era diffuso in tutta l'Africa e l'Asia Minore. Oggi in Africa se ne contano solo 7500 esemplari circa, la maggior parte dei quali a sud del Sahara. Alcuni invece si trovano in Iran. Il ghepardo ama le pianure e le steppe ampie e aperte con pochi alberi e arbusti.

Comportamento

I maschi e le femmine si incontrano brevemente solo per l'accoppiamento. Durante il resto dell'anno, la femmina vive da sola o con i suoi cuccioli. Il maschio forma spesso un piccolo branco con i suoi fratelli.

Alimentazione

Il ghepardo caccia gazzelle di dimensioni contenute oppure i piccoli delle specie più grandi. Deve il suo successo nella caccia alla sua incredibile velocità. La preda viene morsa alla gola fino a quando non muore soffocata.

Prole

La femmina partorisce da uno a cinque piccoli. Nascono in una piccola tana oppure nel fitto dell'erba alta. Durante le prime 12 settimane, la pelliccia sul dorso dei piccoli è ancora argentea, perciò si mimetizzano molto bene e non risultano facilmente individuabili dai predatori come i leoni o le iene. Dopo un anno e mezzo o due, i cuccioli si separano dalla madre e vanno per la loro strada.

APPROFONDIMENTO

Quando corre alla massima velocità, il ghepardo copre con un balzo circa sette metri. In una corsa di cento metri, raggiunge il traguardo in 14 balzi. Usain Bolt, l'uomo più veloce del mondo, per stabilire il record mondiale ebbe bisogno di 41 passi.

SCATTI

Correndo a più di 100 chilometri all'ora, il ghepardo è l'animale terrestre più veloce del pianeta. La sua leggerezza, le zampe lunghe, la colonna vertebrale flessibile e la corporatura aerodinamica gli consentono di accelerare da zero a cento in soli quattro secondi. La coda lunga da 70 a 80 centimetri lo aiuta a mantenere l'equilibrio durante i repentini cambi di direzione.

CACCIA

A differenza di tutti gli altri felini, il ghepardo caccia di giorno. In questo modo, evita di essere predato dai cacciatori notturni e crepuscolari come i leoni, i leopardi e le iene.

SCIVOLATE?

Il ghepardo è l'unica specie felina che non può ritrarre gli artigli, e per una buona ragione: ad alta velocità, impediscono al ghepardo di scivolare in curva. Poiché durante la corsa si consumano, gli artigli di questo animale sono molto meno affilati di quelli degli altri felini. Ecco perché il ghepardo non riesce ad arrampicarsi facilmente sugli alberi.

FUSA

Incredibile: nonostante le dimensioni, il ghepardo rimane pur sempre un piccolo felino. Proprio come i gatti, non sa ruggire, ma solo fare le fusa. Inoltre, i ghepardi possono essere addomesticati. Gli Egizi e i Sumeri li addestravano per la caccia già 5000 anni fa. Anche il famoso sovrano mongolo Gengis Khan teneva dei ghepardi come animali domestici. Tuttavia, il ghepardo non è adatto a vivere per farci compagnia: da un lato, non è possibile garantirgli una vita adeguata alla sua natura, dall'altro, può rappresentare un serio pericolo per l'essere umano.

Zampa di ghepardo

IL
RINOCERONTE

Ceratotherium simum

IL RINOCERONTE
Ceratotherium simum

PROFILO

Il rinoceronte bianco in numeri
Lunghezza (coda esclusa): da 340 a 380 cm
Peso: da 2000 a 3500 kg
Velocità: 52 km/h
Longevità: 50 anni

Aspetto
Le caratteristiche più evidenti sono la grande testa con due corna, sul naso e sulla fronte, le orecchie mobili a punta e la bocca larga. La pesante testa è sostenuta da un corpo massiccio che poggia su zampe corte e tozze.

Habitat
In Africa meridionale, i rinoceronti vivono nelle savane erbose ricche di alberi e cespugli. Il rinoceronte bianco, il cui habitat era un po' più a nord, si è estinto negli ultimi anni.

Comportamento
Maschi e femmine si incontrano solo per l'accoppiamento. Durante il resto dell'anno il maschio vive solo. Le femmine e gli esemplari più giovani si aggirano in piccoli gruppi che non superano i sei individui.

Alimentazione
La testa bassa e la bocca larga e smussata sono ideali per mangiare l'erba. Poiché il rinoceronte bianco non ha né incisivi né canini, strappa gli steli grazie alle labbra cornee.

Prole
In buone condizioni di vita, una femmina di rinoceronte partorisce un piccolo ogni tre, quattro anni. Beve il latte della madre per un anno, anche se bruca l'erba già dopo le prime settimane. Rimane con la madre fino al parto successivo.

CORNO 1

Il corno anteriore può raggiungere il metro e mezzo di lunghezza. Quello posteriore invece può arrivare fino a un massimo di 50 centimetri. Come i capelli e le unghie, il corno è fatto di cheratina e continua a crescere per tutta la vita. Il rinoceronte bianco usa i corni per difendersi durante le lotte con i maschi rivali e per farsi largo tra fitti cespugli.

CORNO 2

In Asia, è diffusa la credenza che il corno di rinoceronte bianco abbia proprietà antipiretiche, antispasmodiche e disintossicanti, e molti pagano cifre notevoli per acquistarlo. Un chilo di corno di rinoceronte costa più di un chilo d'oro. Proprio per questo motivo il rinoceronte bianco era cacciato dai bracconieri. Le sue corna sono state persino rubate dai musei.

Corno di rinoceronte bianco

OCCHI

Essendo miope, il rinoceronte bianco deve affidarsi principalmente all'udito e all'olfatto. Gli studiosi ritengono che a una distanza di 20 metri non sia in grado di distinguere un essere umano da un albero. Ecco perché questo possente animale si innervosisce se qualcosa si muove vicino a lui senza alcun preavviso.

APPROFONDIMENTO

Mentre la pelle di un essere umano è spessa solo da un millimetro e mezzo a quattro millimetri, quella del rinoceronte bianco arriva a misurare tra i due e i cinque centimetri, perciò è circa dieci volte più spessa della nostra.

LA GRU CORONATA NERA

Balearica pavonina.

PROFILO

La gru coronata nera in numeri
Altezza: 105 cm
Apertura alare: da 180 a 200 cm
Peso: da 3 a 4 kg
Longevità: fino a 30 anni (60 in cattività)

Aspetto
Caratteristica della gru coronata nera è la corona di penne color giallo oro posta sulla nuca. Per il resto, la testa è nera con macchie bianco-rossastre sulle guance. A eccezione delle ali, che presentano un'area bianca e penne remiganti brunastre, il piumaggio è di un color grigio ardesia. Il becco è corto.

Habitat
La gru coronata nera vive soprattutto nelle savane erbose a sud del Sahara, sempre in prossimità di specchi d'acqua. A volte la si può trovare anche nelle zone paludose, nelle pianure alluvionali e perfino nei terreni agricoli.

Comportamento
Una volta che una coppia si unisce, rimane insieme per tutta la vita. Al di fuori della stagione riproduttiva, le gru coronate preferiscono spostarsi in stormo. Di notte, per mettersi al sicuro da predatori quali i leopardi, questi uccelli dormono tutti insieme sugli alberi.

Cibo
Oltre a semi ed erbe, la gru coronata ama mangiare insetti, piccole lucertole, anfibi e pesci. Di tanto in tanto si rifocilla anche nei campi coltivati, andando in cerca di mais, soia e arachidi.

Prole
La gru coronata costruisce il nido a terra. Si riproduce anche sugli alberi, per esempio usando i nidi abbandonati di rapaci o cicogne, ma solo di rado. Dopo circa un mese, le uova si schiudono e nascono due o tre piccoli, che due giorni dopo camminano già insieme ai genitori in cerca di cibo.

CACCIA STRATEGICA

Quando la gru coronata è alla ricerca di cibo, batte ripetutamente una zampa a terra. In questo modo, fa muovere gli insetti, i rettili e altri piccoli animali al suolo per poi catturarli con il becco. Le possibili prede si spaventano anche quando si avvicinano mammiferi più grandi. Per questo motivo, la gru coronata ama restare vicino a gruppi di altri animali.

DANZA CLASSICA

Il maschio saltella con grazia intorno alla femmina, piegando ripetutamente la testa verso il basso a scatti. In questo modo mette in mostra la sua magnifica corona. Di tanto in tanto, la gru coronata fa un salto a mezz'aria oppure, becco contro becco, scambia con la femmina un lungo e profondo sguardo.

APPROFONDIMENTO

Proprio come i suoi antenati di 50 milioni di anni fa, la gru coronata ha un dito posteriore ben sviluppato che le permette di stare accovacciata sui rami degli alberi senza perdere l'equilibrio e cadere.

IL LEONE

Panthera leo

IL LEONE
Panthera leo

PROFILO

Il leone in numeri
Lunghezza (coda esclusa): da 180 a 240 cm
Peso: da 150 a 240 kg
Velocità: 60 km/h
Longevità: fino a 20 anni (34 in cattività)

Aspetto
Il felino più grande dell'Africa è facilmente riconoscibile dal mantello a pelo corto color sabbia. Il maschio presenta un ciuffo di peli neri sulla coda e al collo una criniera a pelo lungo, di solito di colore leggermente più scuro rispetto al resto del mantello.

Habitat
Mentre un tempo era diffuso in tutta l'Africa, oggi il leone vive solo nelle savane, nei semideserti e nelle foreste tropicali secche a sud del Sahara. Alcuni leoni, pochi, vivono anche in India.

Comportamento
A differenza di tutte le altre specie di felini, il leone vive in un branco composto da diverse femmine e da un minimo di due fino a un massimo di quattro maschi adulti. I giovani maschi abbandonano il branco e vagano da soli o con altri leoni per anni. Se un maschio vuole avere un proprio branco, deve prima sconfiggere il capo di un altro branco in un combattimento all'ultimo sangue.

Alimentazione
Solo le leonesse vanno a caccia, per lo più di notte o al crepuscolo. Poiché il branco ha bisogno di molto cibo, cercano di uccidere le prede più grandi possibile, come per esempio gazzelle, zebre, gnu, facoceri e antilopi. Ma possono anche cacciare animali più piccoli, come lepri, uccelli e rettili.

Prole
Una leonessa può partorire cuccioli in qualunque momento dell'anno. Di solito i piccoli di leone sono da due a quattro. Trascorrono le prime sei settimane insieme alla madre, fuori dal branco, in un nascondiglio.

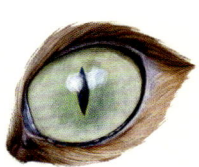

A sinistra: occhio di un gatto domestico.
A destra: occhio di un leone

OCCHI SENSIBILII

Il leone è dotato di una vista molto buona e adattabile. Appena si fa buio, le pupille si allargano fino a riempire quasi tutto l'occhio e far entrare una grande quantità di luce. La sensibilità alle fonti luminose è intensificata ulteriormente da uno strato riflettente all'interno nell'occhio. Il cosiddetto tapetum lucidum fa anche sì che gli occhi del leone di notte brillino se illuminati. Quando il sole sorge di nuovo, la pupilla si contrae fino a diventare un puntino, lasciando passare così pochissima luce. Nella maggior parte degli altri felini, invece, la pupilla si restringe fino a diventare simile a una fessura.

CRINIERA FOLTA

La criniera del maschio ha diverse funzioni: In primo luogo, fare colpo sulle femmine. In secondo luogo, proteggere il collo, una parte delicata, dai morsi e dagli artigli affilati dei nemici durante i combattimenti. In terzo luogo, tenere il leone al caldo. Infatti, i leoni che vivono in ambienti con un clima più freddo, per esempio in alta montagna, hanno criniere più grandi.

MORSO POTENTE

Il leone ha un muso possente e denti enormi. L'enorme forza delle mascelle, circa sette volte superiore a quella di un essere umano, gli permette di uccidere una preda con un solo morso alla gola. Quando invece afferra i piccoli per la collottola per trasportarli in un nuovo nascondiglio, il leone usa la bocca con molta attenzione.

SCALTRO

Poiché la maggior parte dei grandi animali da preda è più veloce dei leoni nella corsa, questi grandi felini vanno a caccia in gruppo: una parte del branco spinge la preda prescelta verso i cacciatori, che le tagliano la via di fuga. L'attacco decisivo viene di solito sferrato frontalmente, in modo che i leoni non rischino di essere colpiti dai pericolosi zoccoli.

APPROFONDIMENTO

Il leone non sa mai se la prossima caccia andrà a buon fine né quando succederà. Per questo motivo, mangia più carne possibile in una volta sola. Non essendo in grado di masticare, ingoia enormi pezzi di carne interi. Può mangiarne fino a 20 chili in un solo pasto: per un essere umano, significherebbe mangiarne dieci chili!

LA ZEBRA

Equus quagga

LA ZEBRA
Equus quagga

APPROFONDIMENTO

I piccoli di zebra crescono molto rapidamente. Dopo un anno hanno già raggiunto le dimensioni dei genitori. Tuttavia, continuano ad aumentare di peso per altri due anni. Gli esseri umani, invece, risultano del tutto cresciuti solo a 14 anni.

PROFILO

La zebra di pianura in numeri
Lunghezza (coda esclusa): 230 cm
Peso: da 180 a 380 kg
Velocità: 65 km/h
Longevità: da 15 a 25 anni (40 in cattività)

Aspetto
Le strisce bianche e nere sono la caratteristica più evidente della zebra di pianura, o zebra comune. Si estendono dalle gambe a tutto il corpo, fino alla testa. Anche la criniera eretta è a strisce. Per il resto, la zebra assomiglia a un grosso pony, con i quali è strettamente imparentata.

Habitat
La zebra vive nelle savane erbose e nelle steppe a sud del Sahara, soprattutto nell'Africa orientale.

Comportamento
Un maschio di zebra (stallone), da due a sei femmine e i loro piccoli (puledri) formano una mandria. Questa rimane sempre unita, anche nel caso in cui incontri altre mandrie, per esempio quando le zebre si abbeverano a una pozza oppure quando pascolano.

Alimentazione
La zebra di pianura predilige l'erba. Si nutre raramente di altre piante e vegetali. L'erba viene recisa con gli incisivi e poi sminuzzata con i molari.

Prole
Durante la stagione delle piogge, quando c'è cibo a sufficienza, la femmina solitamente partorisce un piccolo. Questi rimane con la madre fino alla nascita del puledro successivo, poi se ne separa per andare in cerca di un'altra mandria.

STRISCE 1

Si può notare che le zebre che vivono in zone molto calde hanno striature più nette rispetto a quelle che vivono in ambienti dal clima più fresco, come le montagne. Gli scienziati ne deducono che il maggiore contrasto tra le strisce bianche e nere favorisca il movimento dell'aria sul mantello, che permette all'animale di raffreddarsi.

STRISCE 2

Gli studiosi hanno scoperto che le mosche evitano le superfici striate, quindi ipotizzano che le strisce proteggano la zebra di pianura dai tafani, insetti che succhiano il sangue, e dalle pericolose mosche tse-tse, che possono trasmettere la malattia del sonno.

Zampa di zebra

ZOCCOLI

A differenza di tutti gli altri mammiferi che camminano su cinque dita, i cavalli, le zebre e gli asini usano solo il medio, mentre le altre dita sono regredite e scomparse nel corso dell'evoluzione. Il medio è protetto dalla parete dello zoccolo, un robusto strato corneo che circonda la suola ed è costituito dalla stessa sostanza delle unghie umane.

ACQUA

La zebra di pianura si stabilisce solo dove può trovare acqua a sufficienza. Se necessario, per trovarne scava con gli zoccoli nei letti dei fiumi asciutti. Mentre la maggior parte degli altri animali va in cerca d'acqua al tramonto, la zebra preferisce abbeverarsi nel pieno della calura di mezzogiorno. Così è ragionevolmente certa che non verrà attaccata dai leoni.

L'OKAPI
Okapia johnstoni

PROFILO

L'okapi in numeri
Lunghezza (coda esclusa): fino a 250 cm
Peso: da 200 a 350 kg
Velocità: 60 km/h
Longevità: 20 anni (fino a 33 in cattività)

Aspetto
Come la zebra di pianura, anche l'okapi presenta zampe a strisce bianche e nere. Il resto del mantello è marrone scuro. Solo le guance e la base del collo sono di colore più chiaro. Sulla testa il maschio ha due corte corna ricoperte di pelo.

Habitat
L'okapi vive nelle fitte foreste dell'Africa centrale. La zona dove è maggiormente diffuso è il Congo.

Comportamento
I maschi adulti si spostano da soli, le femmine insieme ai piccoli.

Alimentazione
Vivendo nella foresta, l'okapi si nutre principalmente delle foglie e dei germogli degli alberi. Si nutre anche di erbe, felci, frutta e persino funghi.

Prole
Al termine di una gravidanza lunga 15 mesi, la femmina di okapi dà alla luce un piccolo. È in grado di camminare già dopo poche ore dalla nascita. Poi, cerca con la madre un luogo riparato, dove rimane per due mesi e cresce rapidamente.

APPROFONDIMENTO

L'okapi è l'ultimo animale di grandi dimensioni a essere stato scoperto in Africa. Un okapi vivo è stato catturato per la prima volta solo nel 1909.

PARENTELE

Essendo imparentato con la giraffa, l'okapi è anche noto come giraffa delle foreste. La forma della testa, le corna e la lunga lingua prensile, che nell'okapi è blu, nei due animali sono molto simili. Inoltre, l'andatura dell'okapi, come quella della giraffa, è l'ambio: l'animale procede cioè muovendo sempre insieme le zampe dello stesso lato.

DIVERSITÀ

Un fatto insolito è che la femmina sia più grande e pesante del maschio. In tutte le altre coppie di ungulati, come mucche, maiali, cammelli, capre e pecore succede al contrario.

UN CODICE SEGRETO

L'okapi è in grado di percepire e produrre suoni molto bassi, non udibili da altri animali. Questo permette alla madre e al piccolo di comunicare senza rischiare di svelare la propria presenza.

IL GORILLA

Gorilla gorilla

IL GORILLA
Gorilla gorilla

PROFILO

Il gorilla occidentale in numeri
Altezza: fino a 180 cm (su due zampe)
Peso: da 70 a 190 kg
Velocità: 35 km/h
Longevità: da 35 a 50 anni (60 in cattività)

Aspetto

La pelliccia del gorilla è marrone nerastra, sulla testa marrone rossastra. Nei maschi anziani, il dorso diventa argentato. Solo la faccia, le mani e i piedi sono privi di peli. Quando il gorilla sta su due zampe, le lunghe braccia gli arrivano alle ginocchia..

Habitat
Il gorilla occidentale vive in Africa centrale, nell'area del bacino del fiume Congo. Questo possente animale si aggira in cerca di cibo nelle foreste pluviali di pianura e nelle paludi.

Comportamento
I gorilla vivono nei cosiddetti harem. Si tratta di gruppi composti da un maschio, diverse femmine e i piccoli. Di solito contano una decina di esemplari in totale.

Alimentazione
Essendo un animale prevalentemente erbivoro, il gorilla trascorre la maggior parte della giornata a cercare frutta, foglie, erbe, corteccia e germogli. A volte si nutre anche di insetti, come per esempio formiche o termiti.

Prole
La femmina partorisce un piccolo ogni quattro o sei anni. All'età di circa dieci anni, le femmine più giovani lasciano il gruppo e si uniscono a un nuovo harem. I giovani maschi, invece, vagano in solitaria per qualche tempo, fino a quando non trovano un proprio territorio e possono crearsi un nuovo gruppo.

APPROFONDIMENTO

Con i suoi quasi dieci centimetri, il timpano del gorilla è il più grande di tutto il regno animale. Nonostante ciò, il gorilla non è in grado di sentire molto meglio di un essere umano.

MANI

La mano del gorilla è molto simile a quella umana. Dato che quest'imponente animale può muovere il pollice e le dita l'uno verso le altre proprio come un essere umano, è in grado di afferrare oggetti; per esempio, può raccogliere e sbucciare una banana. Tuttavia, il suo pollice è più corto e più spesso di quello umano. Perciò, il gorilla ha qualche difficoltà a prendere con le dita oggetti molto piccoli. In compenso, le sue mani sono molto più forti delle nostre e si rivelano ottime per arrampicarsi sugli alberi.

NIDI

Ogni giorno, i gorilla si spostano in cerca di cibo. La sera, quando si sistemano nella nuova zona, costruiscono nuovi nidi per la notte con ramoscelli e foglie, a volte a terra, a volte sugli alberi. Mentre il maschio, che è più pesante, dorme in basso, le femmine preferiscono dormire con i propri piccoli in alto, dove si sentono più al sicuro.

STRUMENTI

Come l'orango, lo scimpanzé e l'essere umano, il gorilla fa parte delle scimmie antropomorfe. Poiché sono in grado di utilizzare pietre o ramoscelli come strumenti, le scimmie antropomorfe sono considerate più intelligenti delle altre.

PIANTE

Gli scienziati hanno scoperto che il gorilla svolge un ruolo importante nella dispersione dei semi delle piante nell'ambiente. I semi contenuti nei frutti che ingerisce di solito sopravvivono intatti alla digestione, anzi, a volte germinano anche più velocemente proprio perché vengono fecondati durante l'escrezione. In questo modo, il gorilla arriva a "piantare" fino a 58 specie vegetali diverse.

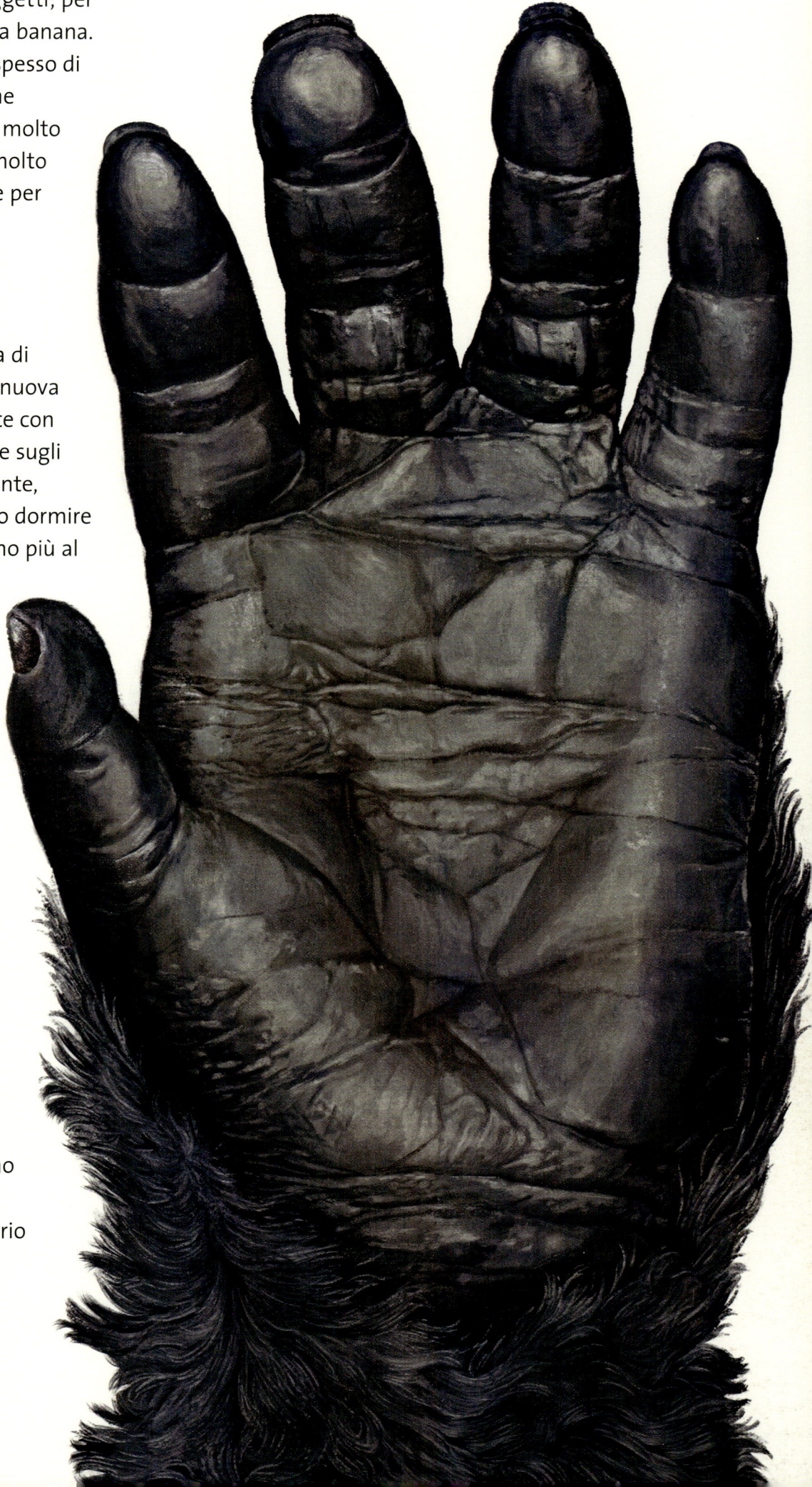

Mano del gorilla

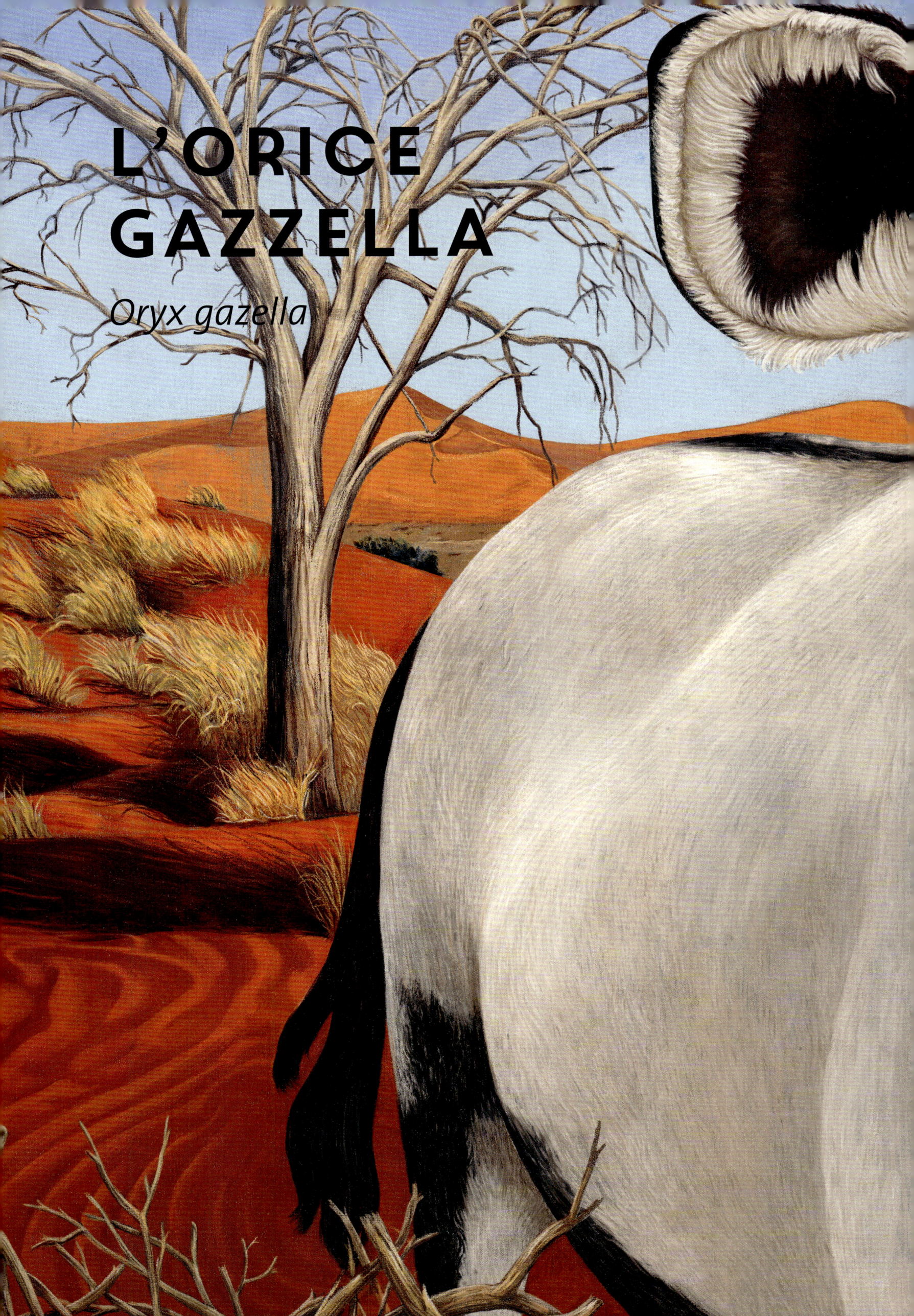

L'ORICE GAZZELLA

Oryx gazella

L'ORICE GAZZELLA

Oryx gazella

Escrementi di orice gazzella

PROFILO

L'orice gazzella in numeri

Lunghezza (coda esclusa): da 180 a 200 cm
Peso: da 180 a 240 kg
Velocità: 60 km/h
Longevità: da 15 a 20 anni

Aspetto

Le prime caratteristiche che si notano sono la testa
con il disegno bianco e nero sul muso e le lunghe
corna a forma di lancia. Il corpo è marrone chiaro,
con una linea mulina scura che corre lungo il dorso.
Anche le zampe sono bianche e nere come il muso.

Habitat

L'orice gazzella è presente nei deserti, nei semideserti
e nelle steppe a sud del Sahara. Si è adattato a
sopravvivere in questi ambienti molto aridi.

Comportamento

L'orice gazzella trascorre la parte più calda della
giornata all'ombra degli alberi e degli arbusti. Solo
quando arriva il fresco della sera va in cerca di cibo:
le femmine in mandrie di non oltre 40 individui, i
maschi più giovani riuniti in gruppetti e i maschi
anziani in solitaria.

Alimentazione

L'orice gazzella si nutre principalmente di erba, foglie
di alberi e piante, oppure scava in cerca di radici.
Inoltre, tollera le euforbiacee, che per altri animali
sono velenose. Poiché vive nel deserto, è in grado di
sopravvivere per settimane senz'acqua.

Prole

Di norma, la femmina dà alla luce un piccolo
all'anno. Sebbene questo sia in grado di correre già
poco dopo la nascita, inizialmente rimane riparato
tra i cespugli. La madre torna solo per allattarlo.
Trascorse due o tre settimane, il piccolo si unisce alla
mandria.

APPROFONDIMENTO

Eleganza, orgoglio, coraggio, tenacia e frugalità:
queste caratteristiche proprie dell'orice gazzella sono
stimate e ammirate da tante persone. Ecco perché
quest'animale è raffigurato sullo stemma della
Namibia, sulla banconota namibiana da 100 dollari e
su una delle monete del Botswana.

SPROFONDARE?

Rispetto ad altre antilopi, l'orice gazzella ha zoccoli più larghi. Gli permettono di non sprofondare nel terreno sabbioso e dunque di correre più velocemente, risparmiando più energia. Gli zoccoli più larghi del normale funzionano sulla sabbia come le ciaspole sulla neve.

TRAFIGGERE

Sia i maschi sia le femmine presentano corna dritte che possono raggiungere il metro e mezzo di lunghezza. Vengono utilizzate di rado nelle lotte territoriali tra conspecifici. I nemici dell'orice gazzella, invece, devono guardarsi bene da quelle lunghe armi: possono trafiggere perfino i leoni.

CONSERVARE L'ACQUA 1

L'orice gazzella vive in zone molto aride e brulle, dove l'acqua è pressoché inesistente. Si nutre di notte e all'alba, quando le piante trattengono più acqua, oltre a essere coperte di rugiada. Questo abitante del deserto ricava così tanti liquidi dal cibo che ingerisce che le sue feci sono secche e l'urina densa. In questo modo, l'orice gazzella riesce a sopravvivere con pochissima acqua.

CONSERVARE L'ACQUA 2

Per perdere meno acqua possibile, l'orice gazzella suda molto di rado. Le prime gocce di sudore si formano solo quando la temperatura corporea raggiunge i 46 °C. Un essere umano già a 42 °C morirebbe. Una sottile rete di vene in corrispondenza della giugulare permette uno scambio di calore e, grazie al sangue raffreddato nel naso, garantisce che quello che scorre verso la testa sia di qualche grado più freddo, in modo che il cervello non venga danneggiato dalle alte temperature.

LO STRUZZO

Struthio camelus

PROFILO

Lo struzzo africano in numeri

Altezza: fino a 280 cm
Apertura alare: 200 cm
Peso: fino a 150 kg
Velocità: 70 km/h
Longevità: 40 anni (fino a 62 in cattività)

Aspetto

Il maschio presenta un piumaggio nero, solo
la coda e la punta delle ali sono bianche. La
femmina è leggermente più piccola e di colore
marrone. Entrambi hanno un collo lungo, quasi
nudo, e una testa piccola. Con i i suoi artigli affilati,
quest'imponente uccello può arrivare a uccidere
perfino un leone.

Habitat

Lo struzzo africano vive nelle steppe e nelle savane a
sud del Sahara, nell'Africa orientale e sudoccidentale.
In Nord Africa e nella penisola arabica, invece, questo
grande uccello è estinto.

Comportamento

Durante la stagione della riproduzione, il maschio
cerca di conquistare diverse femmine per il suo harem.
Durante il resto dell'anno gli struzzi, che sono animali
diurni, vivono insieme in gruppi non stabili. Vanno
alla ricerca di cibo soprattutto all'alba e al tramonto.

Alimentazione

La dieta di questo possente uccello consiste
principalmente di cereali, semi, piante, erba, fiori
e frutta. Di tanto in tanto si nutre anche di insetti
e piccoli rettili. Alcuni sassolini nel suo stomaco
favoriscono la digestione.

Prole

La femmina alfa depone da otto a dodici uova in una
conca del terreno. Le struzze meno importanti nella
gerarchia ne depongono da tre a cinque ciascuna.
Dopo sei settimane, i piccoli nascono e già tre giorni
dopo seguono i genitori ovunque.

APPROFONDIMENTO

Lo struzzo africano ha gli occhi più grandi di tutti gli animali
terrestri. Il diametro di un suo occhio è di circa cinque
centimetri. L'occhio umano è grande solo la metà.

VELOCE

Pur non essendo in grado di volare, lo struzzo
africano è molto veloce nella corsa. Con le
sue zampe lunghe e potenti, può raggiungere
una velocità di 70 chilometri all'ora, superiore
dunque a quella del leone. Lo struzzo ha anche
un'ottima resistenza. Riesce a trottare nella savana
mantenendo una velocità di 50 chilometri all'ora per
trenta minuti di fila.

SOLIDO

L'uovo di struzzo è il più grande tra quelli di tutti gli
uccelli al mondo. Può arrivare a pesare anche due
chili. Per evitare che si rompa quando la femmina vi si
poggia sopra per covarlo, l'uovo di struzzo è dotato di
un guscio spesso due o tre millimetri che può resistere
a una pressione di oltre 100 chili.

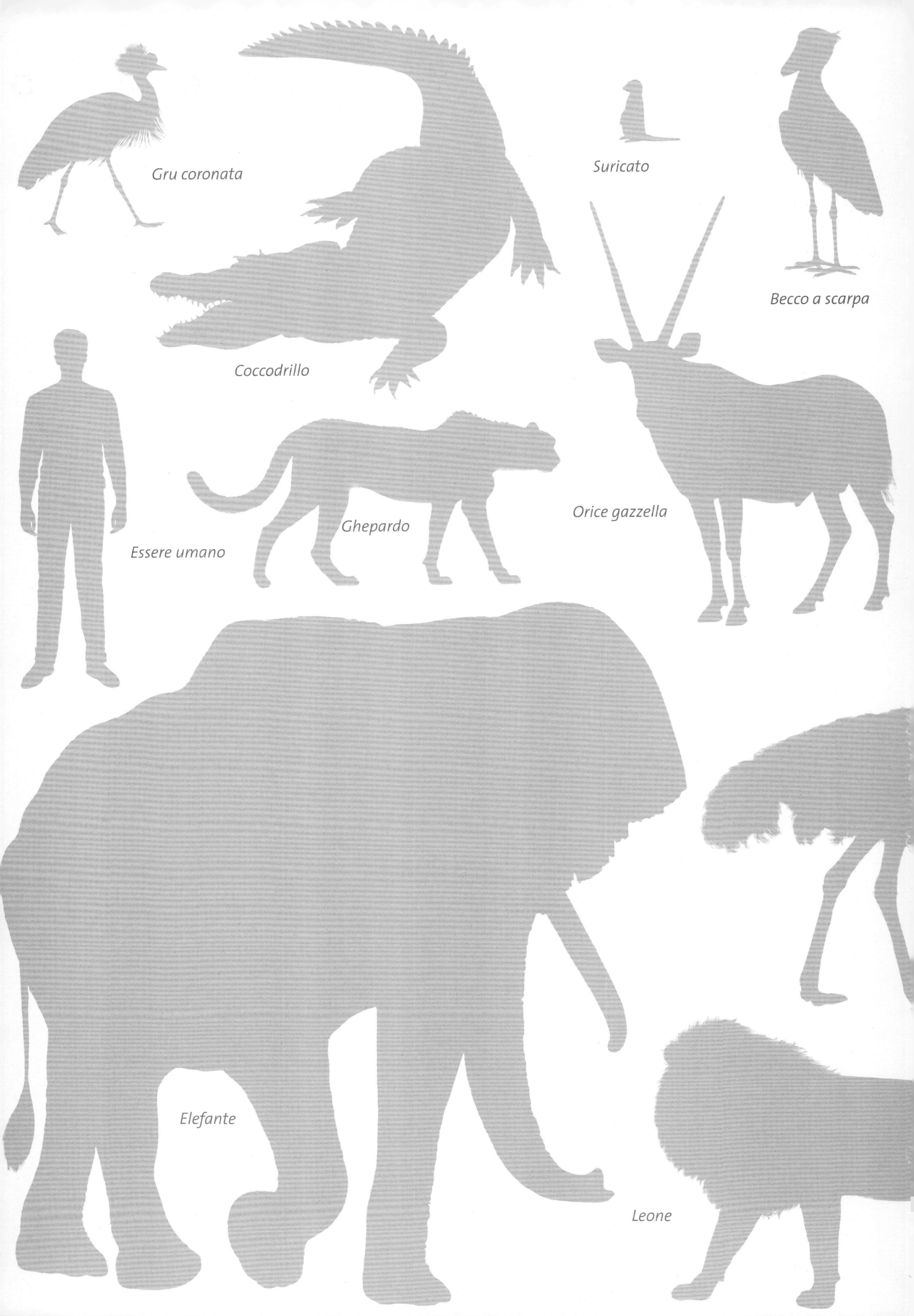

Gru coronata

Suricato

Becco a scarpa

Coccodrillo

Orice gazzella

Essere umano

Ghepardo

Elefante

Leone

DIMENSIONI A CONFRONTO

L'essere umano e gli animali africani

Gorilla

Rinoceronte

Giraffa

Inseparabile

Okapi

Struzzo

Zebra

HOLGER HAAG

era un grande amante della natura già da bambino. Una volta terminate le scuole superiori, ha svolto il servizio civile nel Parco Nazionale del Wattenmeer dello Schleswig-Holstein per poi studiare Biologia all'Università di Gottinga. Ha lavorato per anni presso la Umweltakademie di Stoccarda e il Museo di Storia Naturale di Stoccarda e oggi è padre di tre figlie. Incoraggia l'amore per la flora e la fauna locali soprattutto nei più piccoli, sia lavorando presso un centro per bambini in età scolare, sia scrivendo numerosi libri per bimbi e bimbe che aspirano a diventare naturalisti.

LARS BAUS

è nato e cresciuto in Bassa Franconia, in Germania. Ha trascorso l'infanzia tra boschi e prati, appassionandosi fin da piccolo alle piante e agli animali della sua terra. Ha studiato Illustrazione e Animazione alla Fachhochschule für Design (Accademia di scienze applicate al design) di Münster. Trascorreva ore allo zoo cittadino, davanti ai recinti degli animali selvatici, armato di carta e matita. Oggi è un illustratore freelance e vive con la moglie a Münster. Illustra libri per bambini e saggistica, e crea disegni destinati a musei per bambini e associazioni di tutela della natura.

© 2021 Coppenrath Verlag GmbH & Co. KG
© 2022 by ℰ CREALIBRI per l'edizione italiana
ℰ CREALIBRI è un marchio ℰ EDICART Style
Via Jucker, 28 - Legnano (MI) - Italia
Titolo originale: *Leben Gross - Wilde Tiere Afrikas*
Testi di *Holger Haag*
Illustrazioni di *Lars Baus*
Traduzione dall'inglese di *Beatrice Mereghetti*
Tutti i diritti sono riservati - Stampato in Turchia

www.edicart.it   f

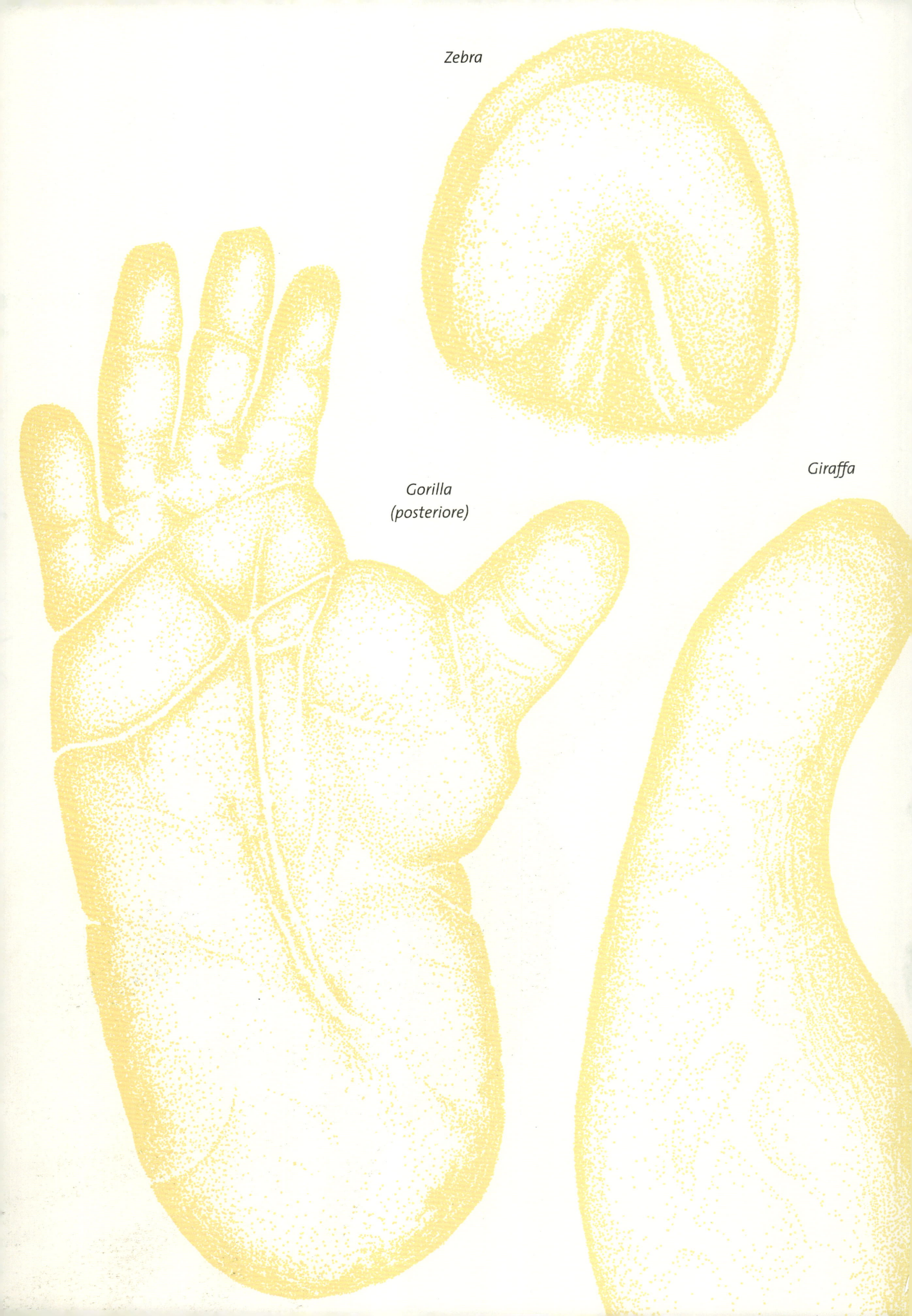

Zebra

Gorilla
(posteriore)

Giraffa